Quiches

un placer redondo

> Autora: **Julia Skowronek** | Fotografías: **Ulrike Schmid**

EVEREST

Contenidos

Teoría

Recetas

Extra

Las quiches: simplemente deliciosas

Las quiches, las empanadas de verduras, la torta de cebolla o las tortillas saladas de queso tienen algo en común: una base crujiente y un delicioso relleno. Con su fina capa de crema son un sofisticado entrante o acompañamiento; abundantemente rellenas de verduras, carne o pescado, se toman como plato principal; en las miniquiches y en las deliciosas tartaletas encontrará un bocado ideal para fiestas y aperitivos. Prepare en su horno los clásicos de la cocina internacional y descubra muchas variantes o, incluso, mejor... ¡experimente y disfrute!

Las quiches y demás familia

Parecidos y diferencias

La quiche procede de Francia y en su origen era una receta sencilla y propia de las zonas rurales, porque en las granjas siempre había provisiones de harina, mantequilla, nata y beicon. Mezclando todos estos ingredientes surgió la receta clásica de la *quiche Lorraine*, que proviene del Este de Francia, en el área cercana a la frontera con Alemania. Incluso hoy, en Francia, las quiches clásicas están compuestas de una base de masa quebrada o de masa de hojaldre y rellenas con aromáticos ingredientes ligados con una crema.

Generalmente, antes de incorporar la carne o el pescado, se suele dar una precocción a la verdura para que no suelte líquido al hornearla; así, el relleno no quedará aguado y la masa ligará óptimamente.

La especialidades

La torta de cebolla es una especialidad muy típica y popular en Alsacia (*Flamm-kuchen*). Está hecha con masa de levadura o con masa de pan, y cubierta con una capa de nata agria, beicon y cebolla. En otros tiempos, estos pasteles amasados con finísimas masas y con una delgada capa de relleno se ponían en el horno aún caliente, después de cocer el pan. Así, preparaban una comida rápida y fácil a partir de una deliciosa masa de pan, al mismo tiempo que ahorraban energía. Quien se quedaba con hambre después de tomar la torta de cebolla, podía tomar de postre la variante dulce con manzanas y azúcar con canela.

Empanadas y tartaletas

Otra variante de la quiche son las clásicas empanadas de

> **2** *Necesitará film transparente, papel de aluminio y papel de hornear.*

masa de hojaldre o de masa quebrada con deliciosos rellenos: frías o calientes están deliciosas. En las tartaletas típicas de Gran Bretaña (*pies*), queda demostrado que la masa no tiene por qué estar siempre debajo. En un molde resistente al calor se pone un relleno de ragú de carne, de pescado o de verduras, se coloca encima una "tapa" de masa o una capa de puré de patata, y se dora al horno.

Útiles necesarios

Le resultará muy fácil elaborar una quiche (con la que obtendrá el éxito garantizado) si tiene en su cocina los útiles necesarios y un molde adecuado.

> **1** *Extender la masa con un rodillo de cocina hasta conseguir que sea del tamaño del molde.*

Para amasar y extender la masa necesita una superficie de trabajo plana, o una bandeja de horno de suficientes dimensiones .

La receta saldrá bien si se prepara con las cantidades exactas, y para ello necesita un peso de cocina. También es aconsejable tamizar la harina sobre la superficie de trabajo antes de comenzar a amasar (así, conseguirá una masa más esponjosa y, al mismo tiempo, eliminará las "impurezas" de la harina).

El *film* transparente, el papel de aluminio y el papel de hornear serán sus mejores aliados para preparar las quiches. El *film* transparente evita que la masa de hojaldre se quede

3
Encontrará una gran selección de moldes en las tiendas especializadas.

seca durante el tiempo de reposo. Asimismo, forre el molde con papel de hornear para no tener que engrasarlo, y la quiche se desprenderá sin esfuerzo. Ponga papel de aluminio sobre la superficie de la quiche si se dora demasiado deprisa.

Para elaborar una quiche, lo ideal es contar con una tabla de cortar tan grande como sea posible, y 3 cuchillos afilados de diferentes tamaños: un cuchillo pequeño para limpiar la verdura; un cuchillo de cocina de hoja ancha y de aprox. 15 cm (5,90 pulg.) de longitud para picar, y un cuchillo de sierra para cortar la quiche en porciones una vez terminada.

Se recomienda tener una sartén grande antiadherente o de hierro, o un wok para precocer o saltear los ingredientes. Extender la pasta con el rodillo de cocina hasta que su tamaño sea algo mayor que el molde para que así pueda desprenderse bien. Si no tiene rodillo de cocina, puede extender la masa con una botella limpia.

Gran variedad de moldes

En las tiendas encontrará una gran variedad de moldes. Un molde de fondo desmontable alto y de paredes lisas sirve para todo, no se sale y el cierre lateral permite que la quiche se desprenda del molde con facilidad. Los moldes especiales para quiches son metálicos o de cerámica, de pared lisa u ondulada, y quedarán muy decorativos en su mesa. Un molde plano de pizza con el borde oblicuo está indicado especialmente para preparar deliciosos pasteles como la torta de cebolla o una *pissaladière*. Para grandes cantidades, se recomienda emplear una bandeja de horno, ya que así podrá duplicar la cantidad de la receta. Los moldes pequeños o las bandejas para *muffins* son muy prácticos para hornear las minisquiches (aunque también sirven los moldes con forma de corazón).

Receta básica

Las características más típicas de la quiche son una masa crujiente, un jugoso relleno y una crema densa. El proceso siempre es el mismo: amasar, dejar reposar la masa, precocer los ingredientes del relleno y dejar que se enfríen un poco. Batir la crema con los huevos y la nata. Forrar el molde con papel de hornear. Extender la masa, ponerla en el molde, distribuir el relleno por encima. Situar en el horno (parte central) precalentado a 200 ºC (400 ºF) y sacarla tras 50 min.

Quiche 1-2-3

PARA UN MOLDE DE FONDO DESMONTABLE DE 26 CM Ø (10,39 PULG.) -8 PORCIONES-

➤ 100 g (4 oz) de mantequilla fría │ 200 g (8 oz) de harina │ 1 yema de huevo, sal │ 700-800 g (1½-2 lb) de verdura (cebollas, zanahorias, coliflor) │ 1 cs de aceite │ 150 g (5 oz) de queso (Gouda) │ 4 huevos │ 200 g (7 oz) de nata │ 200 ml (6,7 fl oz) de leche │ 1-2 cs de espesante │ pimienta │ dos pizcas de nuez moscada

CONSEJO

Usted mismo puede elegir y combinar sus ingredientes favoritos en el relleno. Por eso, las quiches son ideales para aprovechar todas las sobras: una salsa de calabacín o un asado frío del día anterior, o un trozo de jamón o queso a las finas hierbas para la crema.

1 Cortar la mantequilla en dados, hacer una masa con la mantequilla, la harina, las yemas de huevo, sal y 3-4 cs de agua fría. Envolver en film transparente y poner 1 h. en el frigorífico.

2 Precalentar el horno a 200 ºC (400 ºF). Limpiar, lavar y picar la verdura. Calentar el aceite, incorporar la verdura y rehogar 5 min., especiar y dejar que se enfríe. Rallar el queso y mezclar con la verdura.

3 Batir los huevos, la nata, la leche y el espesante. Condimentar con sal, pimienta y una pizca de nuez moscada.

4 Extender la masa, co carla en el molde for mando un borde, dis buir la verdura por encima, cubrir con la crema y hornear.

Cuadro de ingredientes alternativos

Masa

➤ Como las masas de la quiche tienen un sabor relativamente neutro, se pueden intercambiar sin problemas. Y si no tenemos tiempo, siempre podemos recurrir a productos precocinados, como la masa de hojaldre congelada, pasta filo o la masa de pizza.

Nata y compañía

➤ Si prefiere no tomar demasiadas grasas, puede elegir productos lácteos con bajo contenido en grasas, y sustituir la nata por leche, utilizar yogur en lugar de manteca, y nata agria en vez de nata líquida o montada.

Quesos

➤ Utilice siempre queso recién rallado. Lo mejor es utilizar quesos con un contenido en materia grasa superior al 45% de grasa sobre el extracto seco como el Gouda tierno y la Mozzarella, o los deliciosos Gorgonzola, Appenzeller o Greyerzer.

Verduras

➤ Combine las verduras de temporada: espárragos y ajo de oso en primavera, pimiento y calabacín en verano, calabaza y remolacha en otoño y, en invierno, lombarda y boniato. El puerro o la cebolla les dan un toque muy especial.

Finas hierbas

➤ El perejil y el cebollino siempre combinan bien. El tomillo, la albahaca y el romero les dan un aire mediterráneo, y el cilantro fresco aporta un matiz exótico.

Carne, embutido y jamón

➤ Puede sustituir la carne picada mixta por carne picada de ternera, o la carne de pollo por la de pavo. Tanto el salchichón como el salami son deliciosos. En la sección de embutidos encontrará una amplia gama de todos los productos.

Pescados y mariscos

➤ Filetes de pescado congelados como (los de bacalao y los de fletán), ahumados (como el salmón y la trucha) de la sección de congelados o el atún en conserva son una buena alternativa al pescado fresco.

Frutos secos y semillas

➤ Para conseguir que las masas sean más finas, se puede sustituir la mitad de la harina por frutos secos molidos. El relleno también ganará si se ponen 3-4 cs de semillas de calabaza o de piñones, de almendras picadas o de nueces.

Especias

➤ Los chiles son picantes, el curry en polvo tiene un sabor exótico, los cominos y la canela molida le dan a la quiche un toque oriental. Condimente ligeramente el relleno y la crema, y vuelva a especiar si es necesario.

El truco del experto

1 Pinchar la masa

Precalentar el horno a 200 °C (400 °F) y forrar el molde con papel de hornear. Extender la masa, colocarla en el molde formando un borde. Pinchar la masa repetidamente con un tenedor para evitar que quede abombada al hornear.

2 "Flecos" de papel de horno

Cortar otro trozo de papel de hornear del mismo tamaño que el molde, recortar tiras anchas de papel de 5 cm (2 pulg.) de largo y colocarlas alrededor del borde (es la mejor forma de colocar el papel sobre la masa).

3 Legumbres

Colocar el papel de hornear sobre la masa y las legumbres encima. Precocer horneando la base de masa (parte inferior) 10-15 min. para que la quiche no se ablande cuando volvamos a introducirla en el horno.

4 Terminar

Retirar las legumbres y el papel. Cubrir la base con el relleno que usted desee, o como se describe en la receta, y verter la crema por encima. Hornear la quiche (parte central) 10 min. más para que se termine de cocer.

Hornear a ciegas (u hornear sin relleno)

Puede hornear a ciegas la base de la quiche antes de rellenarla, siempre y cuando la base no sea de masa con levadura (así quedará crujiente y no se impregnará de líquido).

El procedimiento es fácil: cortar un segundo trozo de papel de hornear, recortar "flecos" y ponerlos alrededor del borde (así podrá colocar mejor la masa). Para precocer la masa en un molde de fondo desmontable de 26 cm (10,39 pulg.) de diámetro, es necesario poner 1 kg (2,20 lb) aprox. de legumbres secas (como guisantes, garbanzos, alubias o lentejas) sobre la masa. Retirar el papel y las legumbres, rellenar la quiche a su gusto y dejar que se termine de hacer. Estas legumbres son incomestibles pero, al igual que el papel, pueden reservarse para otras ocasiones.

¿Qué hacer si la quiche... ?

... queda demasiado blanca

➤ Si la quiche queda demasiado "pálida" cuando finaliza el tiempo de cocción, aumente la temperatura del horno a 250 ºC (500 ºF) o ponga el grill 5-10 min. y déjela en el horno hasta que ésta adquiera el color deseado y vigílela.

... queda demasiado oscura

➤ Si la quiche se pone demasiado oscura durante la cocción, reduzca la temperatura del horno a 20-50 ºC (40-100 ºF), cubra el molde con papel de aluminio y vigílela.

... se ha quemado

➤ El primer paso es probar la masa para asegurarse de que la quiche es comestible (si es así, aún se puede salvar). Retire la capa quemada cuidadosamente con un cuchillo, espolvoree queso fresco recién rallado por encima y sitúela en el grill para que se funda.

... está demasiado insípida

➤ Condimente bien el relleno y la crema y pruébela. Si la quiche continúa siendo insípida, sírvala con ensaladas o con otros platos más sabrosos como aceitunas, guindillas o encurtidos. También puede usar sal de hierbas o salsa Worcester como condimentos adicionales.

... si tiene grumos

➤ Si la masa no adquiere consistencia, añada poco a poco 1 yema de huevo fría y mézclela con la pasta hasta conseguir una masa consistente y homogénea. Después, siga el procedimiento habitual: envolver en *film* transparente y situarla en el frigorífico.

... faltan utensilios

➤ Una botella limpia sustituye al rodillo para extender la pasta. También se puede pesar sin necesidad de emplear un peso: en una taza de desayuno caben 200 g (7 oz) de harina. Si se dividen 250 g (9 oz) de mantequilla en 5 partes, cada una tendrá 50 g (2 oz). Sin embargo, para la verdura, la carne y el pescado lo mejor es recurrir al peso.

Las guarniciones que combinan con las quiches

Conseguirá una comida abundante llevando a la mesa una crujiente y fresca ensalada para acompañar a la quiche, los *dips* contrasta deliciosamente con la crema de nata y queso. Tampoco hay que olvidarse de las bebidas para tomar con la quiche... el refresco de lima casero resulta estupendo. A continuación, encontrará algunas sugerencias para degustar.

SUGERENCIAS

Ensaladas crujientes

✗ **Ensalada de lechuga con naranja y aderezo de tomate**
Limpiar y lavar la lechuga, pelar 2 naranjas y extraer el jugo. Lavar 2 tomates, partirlos en cuartos, quitarles las semillas y cortarlos en dados. Preparar el aderezo para la ensalada mezclando 4 cs de vinagre de vino blanco, 4 cs de aceite de oliva, el zumo de naranja, sal, pimienta e incorporar los dados de tomate.

✗ **Ensalada mediterránea**
Limpiar, lavar y cortar en dados 4 tomates, 2 pimientos rojos, 2 chiles rojos y 1 cebolla roja. Lavar 1/2 manojo de perejil y 3 ramas de menta, escurrir y picar fino. Exprimir el zumo de 1 limón. Salpimentar los dados de tomate, de pimiento, de chile, de cebolla, el perejil y la menta, y mezclarlos con el zumo de limón y con 4 cs de aceite.

Dips condimentados

✗ ***Pesto* a las finas hierbas**
Triturar 1 manojo de finas hierbas (de una misma hierba o de varias mezcladas -perejil, ajo de oso, cebollino, berro-) con 1/8 l (4 fl oz) de aceite prensado en frío, 2 cs de queso Parmesano rallado, 1 cs de piñones y salpimentar.

Sugerencias para beber

✗ **Con alcohol**
Cualquier vino blanco seco, vino tinto, una espumosa sidra o incluso una cerveza fría van bien para acompañar una quiche.

✗ **Limonada**
Lavar 2 limas y retirar una capa fina de la cáscara. Hervir 200 ml (7 fl oz) de agua con 50 g (2 oz) de azúcar durante 10 min. y guardar en el frigorífico. Colar y extraer el almíbar. Exprimir el zumo de las 2 limas y de 2 limones, mezclar con el almíbar, incorporar 3/4 l (27 fl oz) de agua mineral con gas y servir muy frío.

Ensalada mixta de lechuga

1

Picar una hoja de lechuga en trocitos pequeños, cortar 2 tomates en dados grandes, partir 1/2 pepino en rodajas, rallar 1 zanahoria y cortar 1 aguacate en dados. Preparar un aderezo con sal, pimienta, 1 ct de mostaza, 3 cs de vinagre, 4 cs de aceite y con 2 cs de cebollino y mezclar con la ensalada.

Salsa de tomate fría

2

Mezclar 400 g (14 oz) de tomates troceados con 2 cs de tomate concentrado, sal, pimienta, 3 cs de aceite de oliva y 3 cs de *aceto balsamico* blanco. Lavar 1 manojo de albahaca, escurrir el agua, picarlo, incorporarlo a la ensalada y mezclar.

Té frío de naranja

3

Verter 1 l (35 fl oz) de agua hirviendo sobre 2 cs de té *rooibos* o té rojo y 2 ramas de romero, dejar reposar 10 min., colar y situar en el frigorífico. Exprimir el zumo de 2 naranjas, mezclarlo con el té y con azúcar moreno y servirlo frío.

Clásicos de la cocina internacional

Deliciosos pasteles con masas crujientes y exquisitos rellenos con carne y sin ella muy apreciados en todo el mundo. En este capítulo podrá redescubrir todas esas recetas que ha degustado en sus viajes por Francia, Grecia, Marruecos o Australia.

Recetas rápidas

Spanakopita

PARA 1 MOLDE DE FONDO DESMONTABLE
DE 26 CM ⌀ (10, 39 PULG.) -8 PORCIONES-

➤ 900 g (2 lb) de espinacas congeladas | 1/2
manojo de cebollas tiernas | 1 manojo de
perejil | 3 ramas de eneldo y otras 3 de
menta | 300 g (11 oz) de queso de oveja |
4 cs de piñones | 3 huevos | 300 g (11 oz)
de yogur | sal | pimienta | 1 cs de pimen-
tón dulce | 5 láminas de pasta filo (aprox.
40 x 60 cm -16 x 24 pulgadas-).

1 | Precalentar el horno a 200 ºC (400 ºF).
Descongelar las espinacas. Limpiar las cebollas, lavarlas y cortarlas en aros. Picar y "des-
migar" el queso, mezclarlo con los piñones,
los huevos y el yogur. Especiar. Poner la
masa en el molde dejando que sobresalga un
poco por la parte superior. Incorporar los
ingredientes del relleno y envolver la masa.
Hornear (parte inferior) 40-50 min.

Pissaladière

PARA 1 MOLDE DE PIZZA DE 28 CM ⌀
(11,18 PULG.) -8 PORCIONES-

➤ 1 paquete de masa para pizza (producto
precocinado, 230 g -8$^{1/2}$ oz-) | 1 lata de
tomate triturado (400 g -14 oz-) | 3 cs
de aceite de oliva | sal | pimienta |
8 filetes de anchoa en aceite (o en sal-
muera) | 100 g (4 oz) de aceitunas
negras sin hueso

1 | Precalentar el horno a 220 ºC (440 ºF).
Poner la masa sobre el molde forrado con
papel de hornear.

2 | Mezclar el tomate, el aceite, la sal y la
pimienta y extender sobre la masa.

3 | Distribuir las anchoas y las aceitunas.
Hornear (parte inferior) 15-25 min.

13

sencilla

Quiche Lorraine

PARA UN MOLDE DE FONDO
DESMONTABLE DE 26 CM Ø
(10,39 PULG.) -8 PORCIONES-

➤ 200 g (7 oz) de harina de trigo | 1 yema de huevo
100 g (4 oz) de mantequilla fría | sal | 300 g (11 oz) de tocino magro | 1 cs de aceite | 400 g (14 oz) de nata | 4 huevos | pimienta
una pizca de nuez moscada recién rallada | harina para trabajar

🕓 Preparación: 25 min
🕓 Reposo: 1 h
🕓 Horneado: 50 min aprox.
➤ Aprox. 630 kcal por ración

1 | Para la pasta quebrada: tamizar la harina, cortar la mantequilla en dados y trabajar la masa con la harina, la mantequilla, la yema de huevo, sal y 3-5 cs de agua fría. Envolver en *film* transparente y poner 1 h. en el frigorífico.

2 | Cortar el tocino en dados. Calentar el aceite en una sartén, incorporar el tocino y freír 5 min. a fuego moderado. Sacar y reservar.

3 | Precalentar el horno a 200 ºC (400 ºF). Forrar el mol-de con papel de hornear. Extender la masa sobre una superficie de trabajo espolvoreada con harina. Poner la masa en el molde formando un borde de 3 cm (1,18 pulg.) de alto. Distribuir el tocino por encima.

4 | Batir los huevos y la nata, condimentar con pimienta y nuez moscada y repartir en el molde. Hornear (parte inferior) 40-50 min.

requiere tiempo

Torta de cebolla al estilo de Suabia

PARA UNA BANDEJA DE
HORNO DE 35 X 45 CM (14 X
18 PULG.) -12 PORCIONES-

➤ 400 g (14 oz) de harina de trigo | una pizca de azúcar | harina para trabajar
1/2 dado de levadura (21 g -3/4 oz-) | 6 cebollas | 180 g (6 oz) de beicon | 3 cs de aceite | 300 g (11 oz) de nata agria | 3 yemas de huevo | sal | pimienta | 1-2 cs de cominos · una pizca de nuez moscada

🕓 Preparación: 40 min
🕓 Reposo: 1 h y 20 min
🕓 Horneado: 35 min aprox.
➤ Aprox. 280 kcal por ración

1 | Tamizar la harina en una fuente, hacer un hueco en el centro, desmenuzar dentro la levadura, incorporar el azúcar y 100 ml (3^{1/2} fl oz) de agua templada y mezclar. Tapar y mantener 20 min. en un lugar caliente.

2 | Pelar las cebollas y cortarlas en aros. Partir el beicon en dados. Calentar 1 cs de aceite, freír el beicon y la cebolla a fuego moderado 5 min. y reservar.

3 | Mezclar la masa con 2 cs de aceite, 100 ml (3^{1/2} fl oz) de agua, cubrir y dejar reposar 1 h.

4 | Precalentar el horno a 220 ºC (440 ºF). Espolvorear harina sobre la superficie de trabajo, extender la masa y colocarla en una bandeja forrada con papel de hornear.

5 | Batir la nata agria y las yemas de huevo, condimentar con sal, pimienta y nuez moscada y repartir la mezcla sobre la masa. Cubrir con el beicon y cebolla y espolvorear los cominos por encima. Dorar en el horno 25-35 min.

especialidad normanda

Flamiche au Camembert

PARA UN MOLDE DE FONDO
DESMONTABLE DE 26 CM ∅
(10,39 PULG.) -8 PORCIONES-

➤ 200 g (7 oz) de harina de
trigo | 1/2 ct de levadura
100 g (4 oz) de *Quark*
4 cs de aceite | 2 cebollas
1 yema de huevo | sal
1 cs de mantequilla
500 g (1 lb) de Camembert
200 g (7 oz) de nata
2 huevos | pimienta
1-2 ct de pimentón dulce
harina para trabajar

🕐 Preparación: 30 min
🕐 Reposo: 30 min
🕐 Horneado: 55 min aprox.
➤ Aprox. 490 kcal por ración

1 | Tamizar la harina para
hacer una masa con *Quark* y
aceite, e incorporar la levadura
en polvo. Amasar con el *Quark*,
el aceite de oliva, la yema de
huevo y sal. Envolver la masa
en papel de aluminio y dejarla
30 min. en el frigorífico.

2 | Precalentar el horno a
200 ºC (400 ºF). Pelar las cebollas y cortarlas en dados finos.

Calentar la mantequilla, incorporar la cebolla y mantener en
el fuego hasta que adquiera un
aspecto transparente. Triturar
el queso Camembert con el
tenedor, mezclarlo con la cebolla, la nata y los huevos, y condimentar con sal, pimienta y
pimentón.

3 | Espolvorear harina sobre
la superficie de trabajo y
extender la masa hasta que su
tamaño sea algo mayor que el
molde. Colocarla en el molde
formando un borde de 4 cm
(1,57 pulg.) de alto aprox. y
repartir la crema de queso en
el molde. Hornear (parte
inferior) 45-55 min.

especialidad suiza

Käsewähe

PARA UN MOLDE DE FONDO
DESMONTABLE DE 26 CM ∅
(10,39 PULG.) -8 PORCIONES-

➤ 200 g (7 oz) de harina de
trigo | 100 g (4 oz) de man-
teca de cerdo fría (o mante-
quilla) | 150 g (5 oz) de
queso Emmental | sal
150 g (5 oz) de queso
Gruyere
400 ml (14 fl oz) de leche
3 huevos | pimienta |

una pizca de nuez moscada
recién rallada
harina para trabajar

🕐 Preparación: 25 min
🕐 Horneado: 1 h
🕐 Horneado: 40 min
➤ Aprox. 410 kcal por ración

1 | Tamizar la harina para la
masa. Trabajar una masa con
harina, manteca, sal y 50-100
ml (2-3¹/² fl oz) de agua fría.
Envolver en *film* transparente
y poner 1 h. en el frigorífico.

2 | Rallar el queso para la cre-
ma. Batir los huevos, incorporar el queso rallado y condimentar con sal, pimienta y
nuez moscada. Precalentar el
horno a 220 ºC (440 ºF).

3 | Extender la masa hasta con-
seguir que tenga un tamaño
algo mayor que el molde sobre
una superficie de trabajo espol-
voreada con harina. Poner la
masa en el molde formando un
borde de 3 cm (1,18 pulg.) de
alto aprox. Distribuir el queso y
repartir la crema.

4 | Poner el pastel en el horno
(parte inferior) y dorarlo
durante 35-45 min.

vegetariana | sabrosa

Quiche de verduras

PARA UN MOLDE DE FONDO
DESMONTABLE DE 26 CM ∅
(10,39 PULG.) -8 PORCIONES-

➤ 200 g (7 oz) de harina
de trigo integral | 4 huevos

100 g (4 oz) de mantequilla
fría | 1 yema de huevo

1 pimiento rojo | 1 puerro

250 g (9 oz) de brécol

250 g (9 oz) de calabaza

1 cs de aceite | pimienta

nuez moscada rallada

150 g (5 oz) de *Bergkäse*
(queso alpino alemán)

200 ml (7 fl oz) de leche

200 g (7 oz) de nata | sal

3 cs de espesante | harina
para trabajar

🕐 Preparación: 40 min

🕐 Reposo: 1 h

🕐 Horneado: 55 min aprox.

➤ Aprox. 430 kcal por ración

1 | Tamizar la harina para la masa y cortar la mantequilla en dados. Trabajar una masa con la harina, la mantequilla, la yema de huevo, sal y 3-5 cs de agua fría. Envolver en *film* transparente y poner 1 h. en el frigorífico.

2 | Partir el pimiento a la mitad, limpiarlo, lavarlo y picarlo en trozos del tamaño que desee. Limpiar el puerro, cortarlo a lo largo a la mitad, lavarlo bien y partirlo en trozos grandes. Lavar el brécol, limpiarlo y dividirlo en ramilletes. Cortar la calabaza en trozos pequeños.

3 | Calentar el aceite en una sartén, incorporar la verdura y freír 5 min. a fuego fuerte sin dejar de remover y dejar que se enfríe. Especiar con sal, pimienta y nuez moscada.

4 | Precalentar el horno a 200 ºC (400 ºF). Extender la masa (hasta conseguir que su tamaño sea algo mayor que el molde) sobre una superficie de trabajo espolvoreada con harina. Colocar la masa en el molde formando un borde de aprox. 4 cm (1,57 pulg.) de alto. Rallar el queso. Mezclar con la verdura y repartir sobre la masa.

5 | Batir los huevos con la leche, la nata, el espesante, sal, pimienta y nuez moscada. Repartir la crema en el molde y hornear (parte inferior) 45-55 min.

➤ Variantes:

Relleno de puerro y Gorgonzola

Limpiar, lavar y picar 2 puerros. Partir 3 nueces en trozos grandes. Poner al fuego una sartén con 1 cs de aceite, freír la nuez y los puerros, y salpimentar. Mezclar con la batidora 200 g (7 oz) de Gorgonzola, 4 huevos, 200 ml (7 fl oz) de leche, 150 g (5 oz) de nata agria y 2 cs de espesante, y especiar con sal, pimienta y nuez moscada. Preparar y hornear la quiche siguiendo los pasos de la receta anterior.

Relleno de coliflor y jamón

Limpiar, lavar y cortar en ramilletes 1 coliflor, escaldarla en agua hirviendo hasta que esté *al dente*, sumergirla en agua fría y escurrir. Cortar en tiras 150 g (5 oz) de jamón de York, rallar 150 g (5 oz) de queso Tilsiter y mezclar ambos con la coliflor. Batir 4 huevos con 200 ml (7 fl oz) de leche, 200 g (7 oz) de nata, 2 cs de espesante, sal, pimienta y nuez moscada. Preparar y hornear la quiche siguiendo los pasos de la receta anterior.

un clásico de España y Portugal

Empanada

PARA 4 PERSONAS

- **200 g (7 oz) de harina de trigo | 2 claras de huevo**
  100 g (4 oz) de manteca de cerdo fría (o mantequilla)
  1 cebolla | 1 cs de aceite
  400 g (14 oz) de carne picada de ternera | sal
  2 cs de tomate concentrado
  200 ml (7 fl oz) de vino blanco | 1/4 l (9 fl oz) de caldo de verduras | 2 tomates
  2 cs de crema de aceitunas (*tapenade*) | pimienta | 1 manojo de perejil
  harina para trabajar

- 🕐 Preparación: 55 min
- 🕐 Reposo: 1 h
- 🕐 Horneado: 35 min aprox.
- ➤ Aprox. 720 kcal por ración

1 | Tamizar la harina y trabajar una masa con ésta, la manteca, 1 yema de huevo, sal y 3-5 cs de agua fría. Envolver en *film* transparente y poner 1 h. en el frigorífico.

2 | Pelar la cebolla y cortarla en aros. Calentar el aceite y freír a fuego fuerte la cebolla y la carne picada. Incorporar el concentrado de tomate y añadir el vino, reduciéndolo a la mitad. Agregar el caldo y dejar en el fuego 10-15 min. hasta que el caldo esté casi reducido.

3 | Lavar los tomates, quitar el pedúculo, cortarlos en dados e incorporarlos a la sartén. Después, agregar la crema de aceitunas, salpimentar y reservar.

4 | Precalentar el horno a 220 °C (440 °F), lavar, escurrir y picar el perejil en trozos pequeños y mezclar con la carne.

5 | Dividir la masa en dos mitades, ponerlas sobre una superficie de trabajo espolvoreada con harina y extenderlas en forma de círculo. Poner una de las mitades sobre una bandeja cubierta con papel de hornear. Distribuir la carne, colocar sobre ella la segunda mitad, levantar los dos bordes hacia arriba y cerrarlos presionando con los dedos. Abrir un hueco con el cuchillo en el centro de la mitad superior para que salga el calor. Batir la otra yema de huevo y untarla sobre la masa. Hornear (parte inferior) 25-35 min.

1 Extender la carne

Extender la carne sobre la masa sin llegar hasta el borde.

2 Cerrar los bordes

Poner encima la segunda mitad de masa y cerrar los bordes presionando.

3 Hacer un agujero

Hacer un agujero con el cuchillo en el centro de la mitad superior.

21

especialidad marroquí
Bstilla

PARA 1 MOLDE DE FONDO
DESMONTABLE DE 26 CM ⌀
(10,39 PULG.) -8 PORCIONES-

➤ 600 g (1 lb 5 oz) de pechuga de pollo en filetes | sal | pimienta

1 cebolla | 1 cs de aceite

1 manojo de perejil | 3 cs de almendras laminadas

1/2 ct de cardamomo molido | 1/2 ct de cominos | 1/2 ct de cúrcuma

175 g (5³/⁴ oz) de mantequilla derretida | azúcar glas

1/2 cs de canela molida

6 láminas de pasta filo (producto precocinado, 40 x 60 cm -16 x 24 pulg.)

150 ml (5¹/² fl oz) de caldo de verduras | 6 huevos

🕐 Preparación: 45 min

🕐 Horneado: 50 min aprox.

➤ Aprox. 460 kcal por ración

1 | Cortar la carne en tiras y salpimentarla. Pelar la cebolla y cortarla en aros. Calentar el aceite, freír la carne y sacarla. Freír la cebolla en el mismo aceite hasta que esté transparente y sacarla.

2 | Lavar y picar el perejil. Mezclarlo con la carne, la cebolla, las almendras y las especias. Incorporar 3 cs de mantequilla, el azúcar glas y la canela y mezclar. Precalentar el horno a 180 ºC (360 ºF).

3 | Poner la masa en un molde resistente al calor, dejar que la masa sobresalga un poco del borde del molde. Pintar la masa con 2/3 de la mantequilla. Poner el caldo y los huevos al baño María y remover hasta conseguir una crema.

4 | Verter la mitad de la crema. Extender la carne por encima, rellenar con la otra mitad de la crema y con el caldo restante; coger los bordes de masa y doblarlos hacia arriba y pintarlos con la mantequilla que sobra. Hornear 40-50 min. y espolvorear con azúcar glas.

un clásico australiano
Pastel de carne

PARA 4 PERSONAS

➤ 2 cebollas | 2 cs de aceite

1 kg (2¹/⁴ lb) de *gulash* de ternera | 3 hojas de laurel

2 cs de tomate concentrado

1/2 l (17 fl oz) de cerveza

pimienta | 3 cs de salsa Worcester | sal

700 g (1¹/² lb) de patatas

200 ml (7 fl oz) de leche

2 cs de mantequilla

una pizca de nuez moscada recién rallada | 1 huevo

🕐 Preparación: 50 min

🕐 Cocción: 1-2 h

🕐 Horneado: 30 min aprox.

➤ Aprox. 560 kcal por ración

1 | Pelar las cebollas y cortarlas en dados. Calentar el aceite y freír la carne; incorporar las cebollas y freírlas 3 min., agregar el tomate concentrado, remover, incorporar 100 ml (3¹/² fl oz) de cerveza y dejar que se haga el conjunto.

2 | Incorporar el resto de la cerveza hasta que la carne esté casi cubierta. Salpimentar y añadir las hojas de laurel. Cocer a fuego lento 1-2 h. y añadir agua. Rectificar el sabor con salsa Worcester.

3 | Lavar las patatas y cocerlas con piel 20-30 min. Pelarlas y triturarlas calientes. Hervir la leche, agregar la mantequilla, remover y sazonar. Precalentar el horno a 200 ºC (400 ºF).

4 | Poner la carne en un molde resistente al calor. Extender el puré. Batir el huevo, pintar el puré y hornear 30 min.

En la parte inferior: **Bstilla**   *En la parte superior:* **Pastel de carne** ➤

primer plato |
para invitados

Bárbara-Quiche

PARA UN MOLDE DE FONDO
DESMONTABLE DE 26 CM ∅
(10,39 PULG.) -8 PORCIONES-

➤ **200 g (7 oz) de harina
de trigo | 100 g (4 oz)
de mantequilla fría**

1 yema de huevo | sal

**250 g (9 oz) de filetes
de salmón | 250 g (9 oz)
de filetes de bacalao**

1 manojo de eneldo

3 ramas de estragón

**200 g (7 oz) de gambas
cocidas y peladas**

**2 cs de zumo de limón |
pimienta | 3 huevos**

**300 g (11 oz) de nata líqui-
da | harina para trabajar**

🕐 Preparación: 35 min

🕐 Reposo: 1 h

🕐 Horneado: 45 min aprox.

➤ Aprox. 470 kcal por ración

1 | Tamizar la harina y cortar la
mantequilla en dados. Trabajar
una masa con la harina, la
mantequilla, la yema de huevo,
sal y 3-5 cs de agua caliente.
Envolver en *film* transparente y
meter en el frigorífico.

2 | Partir los filetes de salmón y
los de bacalao en trozos del
tamaño que desee. Precalentar
el horno a 200 ºC (400 ºF).
Lavar y picar fino el eneldo y el
estragón, mezclar con los trozos de pescado, las gambas y el
zumo de limón y salpimentar.

3 | Extender la masa. Poner en
el molde formando un borde
de 3 cm (1,18 pulg.) de alto.
Incorporar la mezcla que
hemos preparado con los trozos de pescado.

4 | Batir los huevos con la nata
líquida, sal y pimienta. Verter
sobre el relleno y hornear
(parte inferior) 35-45 min.

especialidad italiana

Pastel de rúcula y Mozzarella

PARA 1 MOLDE DE PIZZA
DE 28 CM ∅ (11,18 PULG.)
-8 PORCIONES-

➤ **200 g (7 oz) de harina de
trigo | 11 g de levadura**

**una pizca de azúcar | 300
g (11 oz) de tomates carno-
sos | 3 manojos de rúcula**

**100 g (4 oz) de jamón
de Parma | 2 cs de aceite
de oliva | sal | pimienta**

**2 bolas de Mozzarella
(de 125 g -4¹/² oz- cada una)**

harina para trabajar

🕐 Preparación: 40 min

🕐 Reposo: 1 h y 20 min

🕐 Horneado: 30 min aprox.

➤ Aprox. 270 kcal por ración

1 | Tamizar la harina en una
fuente, hacer un hueco en el
centro y deshacer el dado de
levadura dentro, mezclar con
el azúcar y con 50 ml (2 fl oz)
de agua templada. Tapar y
dejar 20 min. sin que se enfríe.

2 | Lavar los tomates y partir-
los en cuartos, retirar las
semillas y cortarlos en dados.
Lavar la rúcula, retirar los
tallos gruesos y dejar que
escurra. Cortar el jamón en
tiras. Escurrir la Mozzarella.

3 | Trabajar una masa con la
masa madre que hemos preparado en el primer paso con
aceite, sal y 50 ml (2 fl oz) de
agua. Tapar y dejar en reposo
1 h. Precalentar el horno a
220 ºC (440 ºF).

4 | Extender la masa. Colocarla
en el molde formando un borde de 2 cm (0,78 pulg.) de altura. Extender el tomate y salpimentar. Cortar la Mozzarella en
rodajas y ponerlas sobre el
tomate. Hornear 20-30 min. y
servir con la rúcula y el jamón.

De carne y pescado

Las deliciosas quiches, los sabrosos pasteles y las finas empanadas con carne y pescado son ideales para preparar a diario y cuando vienen invitados. Con abundante relleno y doradas al horno son exquisitas, sea cual sea la ocasión. Conseguirá un menú perfecto con una quiche y una crujiente ensalada, un vino y algo de fruta como postre.

Recetas rápidas

Quiche de espinacas con salmón

PARA 1 MOLDE DE FONDO DESMONTABLE
DE 26 CM ∅ -8 PORCIONES-

➤ 450 g (1 lb) de masa de hojaldre congelada |
450 g (1 lb) de espinacas congeladas | 150 g
(5 oz) de salmón ahumado | sal | pimienta |
una pizca de nuez moscada | 2 huevos | 200
g (7 oz) de nata agria | 200 ml (7 fl oz) de
leche | 3 cs de espesante

1│Precalentar el horno a 200 ºC (400 ºF). Descongelar la masa y las espinacas. Cortar el salmón
en tiras, mezclarlo con las espinacas y especiar.

2│Colocar la masa en el molde formando un
borde de 3 cm (1,18 pulg.) de alto. Incorporar
el salmón y las espinacas. Batir los huevos con
la nata, la leche y el espesante. Especiar con sal,
pimienta y nuez moscada y repartir en el molde.
Hornear (parte inferior) 45-55 min.

Pastel de jamón

PARA 1 MOLDE DE PIZZA DE 28 CM ∅
-8 PORCIONES-

➤ 150 g (5 oz) de jamón cocido | 4 rodajas de
piña (de lata) | 150 g (5 oz) de Gouda | 300
g (11 oz) de queso fresco | 2 cs de zumo de
piña | sal | pimienta | 1 paquete de masa
para pizza (producto precocinado: 230 g
-8½ oz-) | 1 manojo de cebollino

1│Precalentar el horno a 220 ºC (425 ºF).
Cortar el jamón en tiras y trocear la piña,
rallar el Gouda y mezclar todo con el queso
fresco y con el zumo de piña, salpimentar.

2│Poner la masa en el molde y extender la
mezcla que hemos preparado en el paso anterior. Hornear (parte inferior) 25-35 min.
Lavar y picar el cebollino y espolvorearlo
sobre el pastel.

para el bufé

Pan de liebre

PARA UN MOLDE RECTANGU-
LAR DE 30 CM (12 PULG.)
-12 PORCIONES-

➤ 100 g (4 oz) de mantequilla fría │ 200 g (7 oz) de harina de trigo

1 yema de huevo │ sal

2 panecillos del día anterior │ 1 manojo de perejil

1 cebolla │ 1 cs de aceite

500 g (1 lb) de carne picada mixta │ 2 huevos

1 ct de mejorana seca

1-2 ct de pimentón dulce │ pimienta │ 6 huevos duros │ harina para trabajar

🕐 Preparación: 45 min

🕐 Reposo: 1 h

🕐 Horneado: 50 min aprox.

➤ Aprox. 580 kcal por ración

1│Cortar la mantequilla en dados. Trabajar una masa con la mantequilla, la harina, la yema de huevo, sal y 3-5 cs de agua fría. Envolver en *film* y dejar 1 h. en el frigorífico.

2│Poner los panecillos en remojo. Pelar las cebollas y cortarlas en dados. Calentar el aceite y freír la cebolla hasta que esté transparente. Lavar el perejil y picarlo fino.

3│Escurrir los panecillos y mezclarlos con la carne picada, la cebolla, el perejil, los huevos, la mejorana, el pimentón, sal y pimienta. Pelar los huevos duros.

4│Precalentar el horno a 200 ºC (400 ºF). Extender la masa y forrar el molde formando un borde de 5 cm (2 pulg.) de altura.

5│Distribuir la carne sobre la masa, poner encima los huevos y, sobre ellos, la carne restante y alisar. Hornear (parte inferior) 40-50 min.

sencilla │ fresca

Quiche de jamón y finas hierbas

PARA 1 MOLDE DE FONDO DES-
MONTABLE DE 26 CM ∅ (10,39
PULG.) -8 PORCIONES-

➤ 200 g (7 oz) de harina de trigo │ 1/2 ct de levadura en polvo │ 100 g (4 oz) de *Quark*

4 cs de aceite │ 1 yema de huevo │ sal

1 manojo de perejil │ 1 manojo de cebollino │ 1/2 manojo de perifollo

2 cajitas de berros │ 200 g (7 oz) de jamón cocido

150 g (5 oz) de Gouda │ 4 huevos │ 400 g (14 oz) de

Ricotta │ 150 ml (5¹/² fl oz) de leche │ pimienta

2 cs de espesante

una pizca de nuez moscada │ harina para trabajar

🕐 Preparación: 45 min

🕐 Reposo: 30 min

🕐 Horneado: 50 min aprox.

➤ Aprox. 395 kcal por ración

1│Mezclar la harina y la levadura. Trabajar una masa con éstas, el *Quark*, el aceite, la yema de huevo y la sal. Envolver en *film* transparente y poner 30 min. en el frigorífico.

2│Lavar las hierbas. Picar el perejil y el cebollino. Quitar las hojas al perifollo y hacer un corte a los berros. Cortar el jamón en tiras y rallar el queso.

3│Precalentar el horno a 200 ºC (400 ºF). Forrar un molde con papel de hornear. Extender la masa. Poner la masa en el molde formando un borde de 3 cm (1,18 pulg.) de alto y extender sobre la masa las hierbas, el jamón y el queso.

4│Batir los huevos con el Ricotta, la leche, el espesante, las especias y repartir en el molde. Espolvorear queso por encima y hornear 40-50 min.

afrutada | económica

Pastel de jamón con manzana

PARA UNA BANDEJA DE HORNO DE 35 X 45 CM (14 X 18 PULG.) -12 PORCIONES-

➤ 400 g (14 oz) de harina de trigo | 1/2 dado de levadura (21 g -3/4 oz-)

una pizca de azúcar | 3 cebollas | 1 cs de aceite

200 g (7 oz) de jamón ahumado | 2 cs de aceite de oliva

sal | 200 g (7 oz) de queso Gruyere | 4 manzanas

1¹/² lata de tomate troceado (600 g -1 lb 5 oz-)

pimienta | 1 ct de orégano seco | harina para trabajar

🕐 Preparación: 55 min
🕐 Reposo: 1 h y 20 min
🕐 Horneado: 30 min aprox.
➤ Aprox. 345 kcal por porción

1 | Tamizar la harina, hacer un hueco en el centro y desmigar la levadura dentro. Mezclar la harina, la levadura, el azúcar y 100 ml (3,38 fl oz) de agua templada hasta conseguir que la masa se despegue de la fuente. Tapar y dejar reposar 20 min.

2 | Pelar las cebollas y cortarlas en aros, partir en dados el jamón. Calentar el aceite, freír 5 min. la cebolla y el jamón y reservar. Amasar la masa madre del paso 1 con el aceite de oliva, sal y 100 ml (3¹/² fl oz) de agua. Tapar y dejar reposar 1 h.

3 | Rallar el queso. Lavar las manzanas, quitarles las semillas y cortarlas en bastoncitos. Especiar los tomates con sal, pimienta y orégano y precalentar el horno a 220 ºC (440 ºF).

4 | Extender la masa y colocarla en un molde forrado con papel de hornear. Colocar los tomates sobre la masa, espolvorear con queso, y poner el jamón, las cebollas y la manzana. Hornear (en la parte central) 20-30 min.

deliciosa | saciante

Quiche de judías con salami

PARA 1 MOLDE DE FONDO DESMONTABLE DE 26 CM ⌀ (10,39 PULG.) -8 PORCIONES-

➤ 100 g (4 oz) de harina de trigo | 100 g (4 oz) de sémola de trigo fina

4 cs de aceite | 1 yema de huevo | sal | 4 huevos

400 g (14 oz) de judías verdes congeladas | 1 cebolla

100 g (4 oz) de salami | 1/2 manojo de ajedrea | 300 g (11 oz) de nata agria | 1 cs de espesante | 2 cs de vinagre blanco suave | pimienta | nuez moscada | harina para trabajar

🕐 Preparación: 55 min
🕐 Reposo: 1 h
🕐 Horneado: 50 min aprox.
➤ Aprox. 340 kcal por ración

1 | Trabajar la masa con la harina, la sémola de maíz, 3 cs de aceite, la yema, sal y 3-5 cs de agua fría. Dejar 1 h. en el frigorífico.

2 | Descongelar las judías verdes. Pelar las cebollas y cortarlas en dados. Pochar la cebolla y retirar del fuego. Cortar el salami en rodajas y retirar las hojas de la ajedrea.

3 | Precalentar el horno a 200 ºC (400 ºF). Forrar el molde con papel. Mezclar las judías con la cebolla, el salami y la ajedrea. Batir los huevos, la nata agria y el espesante y mezclar con las judías verdes. Condimentar con vinagre, sal, pimienta y nuez moscada.

4 | Extender la masa, ponerla en el molde formando un borde de 4 cm (1,57 pulg.) de alto, distribuir el relleno por encima y hornear (parte inferior) 40-50 min.

sencilla

Quiche de pavo

PARA 1 MOLDE DE FONDO
DESMONTABLE DE 26 CM ⌀
(10,39 PULG.) -8 PORCIONES-

➤ 100 g (4 oz) de harina
de trigo | 100 g (4 oz)
de mantequilla fría

100 g (4 oz) de almendras
molidas | 1 yema de huevo

sal | 500 g (1 lb) de brécol
| 400 g (14 oz) de pechuga
de pavo | 1 cs de aceite

150 g (5 oz) de queso Tilsi-
ter | 4 huevos | 200 g
(7 oz) de nata | pimienta

200 ml (7 fl oz) de leche |
2 cs de espesante | una
pizca de nuez moscada
recién rallada

75 g (3 oz) de almendras
laminadas | harina para
trabajar

🕐 Preparación: 45 min

🕐 Reposo: 1 h

🕐 Horneado: 50 min aprox.

➤ Aprox. 550 kcal por ración

1 | Tamizar la harina y cortar la
mantequilla en dados. Trabajar
una masa con la harina, la mantequilla, las almendras, la yema
de huevo, sal y 3-5 cs de agua
fría, y dejar que se enfríe 1 h.

2 | Lavar el brécol, dividir en
ramilletes, escaldar 2 min.,
sumergir en agua fría y escurrir.

3 | Cortar la carne en tiras y sal-
pimentar. Calentar el aceite, freír la carne 3 min, dejar que se
enfríe. Rallar el queso, mezclarlo con el brécol y la carne.

4 | Precalentar el horno a 200 ºC
(400 ºF), forrar el molde con
papel de hornear. Extender la
masa y ponerla en el molde formando un borde de 4 cm (1,57
pulg.) de alto y distribuir la carne.

5 | Batir los huevos, la nata, la
leche, el espesante, sal, pimienta
y la nuez moscada y verter sobre
la carne. Hornear 40 min. (parte
inferior), esparcir las almendras
y hornear 10 min. más.

un clásico inglés

Pastel de pollo

PARA 4 PERSONAS

➤ 450 g (1 lb) de masa
de hojaldre congelada

250 g (9 oz) de champiñones
| 1 cebolla | pimienta

800 g (2 lb) de pechuga
de pollo en filetes | sal

1 cs de aceite | 1 cs
de mantequilla | 200 ml
(7 fl oz) de vino blanco

🕐 Preparación: 45 min

🕐 Horneado: 30 min aprox.

➤ Aprox. 1 060 kcal por ración

1 | Descongelar la masa, lim-
piar los champiñones y partirlos en cuartos. Pelar las cebollas y cortarlas en dados
pequeños. Partir la carne en
trozos del tamaño deseado y
salpimentar.

2 | Precalentar el horno a 200 ºC
(400 ºF). Calentar el aceite,
incorporar la carne, freír a fuego fuerte y sacar la carne. Poner
mantequilla en la sartén, incorporar la cebolla, y dejar en el
fuego hasta que adquiera un
aspecto transparente. Añadir el
vino y reducir a la mitad.

3 | Agregar la nata y dejar
3 min. al fuego, incorporar la
carne y los champiñones,
mezclar y llevar a ebullición,
añadir el zumo de limón y salpimentar. Poner en un molde
resistente al calor.

4 | Batir el huevo y pintar el
borde exterior del molde.
Colocar la masa de hojaldre
sobre la carne, presionar en el
borde y pintarla con la yema
de huevo restante y hornear
(parte inferior) 20-30 min.

para el bufé |
para *gourmets*

Empanada de salmón

PARA UN MOLDE RECTANGU-
LAR DE 30 CM (12 PULG.)
-12 PORCIONES-

➤ 450 g (1 lb) de masa
de hojaldre congelada

350 g (12 oz) de filetes
de salmón sin piel | sal

1 cs de aceite | 3 huevos

1 kg (2¼ lb) de acelgas

500 g (1 lb) de Mascarpone

2 cajitas de azafrán en pol-
vo | 2 cs de zumo de limón

pimienta | 1 cs de
espesante

⏱ Preparación: 45 min
⏱ Horneado: 55 min aprox.
➤ Aprox. 430 kcal por ración

1 | Descongelar la masa. Cor-
tar el salmón en trozos de
5 cm (2 pulg.) y salpimentar.
Calentar el aceite, freír el salmón a fuego fuerte por
ambos lados y retirarlo.

2 | Lavar las acelgas, cortar los
tallos y reservarlos. Escaldar
las hojas de acelga (300 g
-11 oz- aprox.) en agua hirviendo con sal, sumergirlas en
agua fría y escurrir.

3 | Precalentar el horno a
220 ºC (440 ºF) y forrar el molde con papel. Mezclar 1 huevo,
el Mascarpone, el azafrán, el
zumo de limón, sal y pimienta.

4 | Colocar la masa en el mol-
de (dejando que sobresalga
un poco la masa para hacer
después una tapadera). Forrar
la masa con un tercio de las
hojas de acelga, colocar el salmón sobre las acelgas y extender todas las hojas.

5 | Distribuir el segundo tercio
de hojas de acelga sobre la
masa y poner encima la mitad
del Mascarpone; colocar
paquetitos de salmón y hacer
capas con el Mascarpone y
con las hojas de acelga que
nos quedan. Cerrar los bordes
de masa hacia arriba, pintar
con huevo batido y hornear
(parte inferior) 45-55 min.

rápida

Quiche de paella

PARA 1 MOLDE DE FONDO DES-
MONTABLE DE 26 CM (10,39
PULG.) ⌀ -8 PORCIONES-

➤ 1 paquete de paella congelada (750 g -1 lb 11 oz-)

200 g (7 oz) de harina de
trigo | 1/2 ct de levadura

100 g (4 oz) de *Quark* | sal

4 cs de aceite de oliva |
1 yema de huevo | 4 huevos

400 g (14 oz) de yogur
con nata | pimienta

150 g (5 oz) de queso de
tetilla | harina para trabajar

⏱ Preparación: 30 min
⏱ Reposo: 30 min
⏱ Horneado: 55 min aprox.
➤ Aprox. 400 kcal por ración

1 | Descongelar la paella.
Mezclar la harina y la levadura. Trabajar una masa con la
harina, la levadura, el *Quark*,
el aceite, la yema de huevo y
sal. Envolver la masa en *film* y
ponerla 30 min. en el frigorífico.

2 | Batir los huevos, el yogur,
la sal y la pimienta. Rallar el
queso. Precalentar el horno a
200 ºC (400 ºC) y forrar el
molde con papel de hornear.

3 | Extender la masa y colocar-
la en el molde formando un
borde de aprox. 4 cm (1,57
pulg.) de alto. Mezclar la paella
con la crema preparada y
repartirla sobre la masa. Hornear (parte inferior) 45-55
min.

para invitados

Quiche de verduras y pescado

PARA 1 MOLDE DE FONDO
DESMONTABLE DE 26 CM ∅
(10,39 PULG.) -8 PORCIONES-

➤ 100 g (4 oz) de mantequilla fría | 200 g (8 oz) de harina de trigo | 1 yema de huevo

sal | 1 pimiento rojo

1 zanahoria | 150 g (5 oz) de vainas de guisantes

1/2 manojo de cebollas tiernas | 1 cs de aceite

500 g (1 lb) de filetes de pescado (p. ej. trucha)

2 cs de zumo de limón | pimienta | 5 huevos

300 g (11 oz) de nata agria | 2 cs de mostaza

2 cs de espesante | harina para trabajar

🕓 Preparación: 40 min
🕓 Reposo: 1 h
🕓 Horneado: 55 min aprox.
➤ Aprox. 380 kcal por ración

1 | Cortar la mantequilla en dados. Trabajar la masa con la mantequilla, la harina, la yema de huevo, sal y 3-5 cs de agua fría. Ponerla 1 h. en el frigorífico.

2 | Lavar y cortar las verduras en trozos pequeños. Calentar el aceite, incorporar las verduras y freír 5 min. a fuego fuerte sin dejar de remover y reservarla.

3 | Cortar el pescado en trozos pequeños y regarlos con zumo de limón. Mezclar las verduras y el pescado y salpimentar.

4 | Precalentar el horno a 200 ºC (400 ºF) y forrar el molde con papel de hornear. Extender la masa y colocarla en el molde formando un borde de 4 cm (1,57 pulg.) de alto; luego, colocar los trozos de pescado.

5 | Batir los huevos, la nata agria, la mostaza y el espesante con sal y pimienta. Hornear (parte inferior) 45-55 min.

asiática | para *gourmets*

Quiche de gambas

PARA 1 MOLDE DE FONDO
DESMONTABLE DE 26 CM ∅
(10,39 PULG.) -8 PORCIONES-

➤ 8-10 láminas de masa para rollitos de primavera grandes | 1/4 de repollo blanco | 1 puerro | 2 zanahorias

100 g (4 oz) de brotes de soja | 1 cs de aceite

1 cs de aceite de sésamo | 2 cs de salsa de soja clara |

2 ct de salsa de pescado

1-2 pizcas de *sambal oelek*

150 g (5 oz) de gambas cocidas y peladas | 6 huevos | 1 cs de espesante

🕓 Preparación: 30 min.
🕓 Horneado: 45 min aprox.
➤ Aprox. 250 kcal por ración

1 | Descongelar las láminas de masa sin sacarlas del envase. Precalentar el horno a 200 ºC (400 ºF). Limpiar, lavar y cortar la verdura en tiras finas.

2 | Calentar el aceite, incorporar la verdura y freír a fuego fuerte 5 min. removiendo. Condimentar con aceite de sésamo, salsa de soja, 1 ct de salsa de pescado y con *sambal oelek*, mezclar las gambas, retirar del fuego y dejar que se enfríe.

3 | Forrar el molde con las láminas de masa y dejar que sobresalga para después hacer una tapadera. Distribuir por encima el relleno de verduras.

4 | Batir los huevos con el espesante y con 1 ct de salsa de pescado; echar sobre la verdura y cerrar con la masa que sobresale. Poner la quiche en el horno (parte inferior) 40-50 min.

Vegetarianas

Esta selección multicolor se compone de verduras preparadas de un modo diferente al habitual. Disfrute degustando estos sofisticados pasteles de verduras como entrante, como plato principal o acompañando a carnes y pescados. Destacará entre los amantes de la verdura, podrá seducir a los grandes consumidores de vegetales, e incluso los invitados más exigentes quedarán encantados.

Recetas rápidas

Tortilla de aguacate

PARA 1 MOLDE DE PIZZA DE 28 CM ∅
(11,18 PULG.) -8 PORCIONES-

➤ 4 tortillas de trigo (producto precocina-
do) | 2 aguacates | 2 tomates carnosos
| 150 g de Gouda | 300 g de yogur |
3 huevos | sal | pimienta | una pizca
de chile en polvo

1 | Precalentar el horno a 200 ºC (400 ºF).
Poner las tortillas en el molde (también
puede cortarlas). Pelar los aguacates, quitarles el hueso y cortarlos en dados. Lavar los
tomates y partirlos en dados. Rallar el
queso.

2 | Mezclar el queso con el yogur, los huevos
y los dados de tomate y de aguacate, salpimentar e incorporar el chile. Extender la crema sobre las tortillas y hornear 40-45 min.

Pastel de achicoria roja

PARA 1 MOLDE DE PIZZA DE 28 CM ∅
(11,18 PULG.) -8 PORCIONES-

➤ 300 g (11 oz) de guisantes congelados |
1 achicoria roja (200 g -7 oz- aprox.) | 50 g
(2 oz) de queso Parmesano | sal | pimienta |
1 envase de masa para pizza (producto preco-
cinado, 230 g -8$^{1/2}$ oz-) | 3 huevos | 300 g
(11 oz) de nata | 2 cs de espesante

1 | Precalentar el horno a 200 ºC (400 ºF).
Descongelar los guisantes. Lavar la achicoria y
cortarla en tiras finas. Mezclar el queso con
los guisantes y salpimentar. Extender la masa
y colocarla en la bandeja forrada con papel de
hornear formando un borde.

2 | Distribuir los guisantes. Batir los huevos, la
nata y el espesante, salpimentar y verter por
encima. Colocar en el horno (parte inferior) 40
min. y poner las tiras de achicoria por encima.

a los niños les encanta

Quiche de tomate

PARA 1 MOLDE DE FONDO DESMONTABLE DE 26 CM ∅ (10,39 PULG.) -8 PORCIONES-

- ➤ 100 g (4 oz) de mantequilla fría | 100 g (4 oz) de harina de trigo | 100 g (4 oz) de copos de avena en hojuela | 1 yema de huevo
- 1 manojo de albahaca | 4 huevos | pimienta | sal
- 400 g (14 oz) de Ricotta | 100 g (4 oz) de nata
- 100 g (4 oz) de copos de avena instantáneos
- 500 g (1 lb) de tomates *cherry* | harina para trabajar

🕐 Preparación: 35 min
🕐 Reposo: 1 h
🕐 Horneado: 55 min aprox.
➤ Aprox. 415 kcal por ración

1 | Cortar la mantequilla en dados. Trabajar una masa con la harina, la mantequilla, la avena en hojuela, la yema de huevo, sal y 3-5 cs de agua fría. Envolver en *film* transparente y ponerla 1 h. en el frigorífico.

2 | Lavar la albahaca y picarla fino. Batir los huevos, el Ricotta, la nata y los copos de avena instantáneos. Salpi-

mentar, incorporar la albahaca y dejar 30 min. reposando. Lavar los tomates.

3 | Precalentar el horno a 200 ºC (400 ºF). Forrar el molde con papel de hornear. Extender la masa y colocarla en el molde formando un borde de aprox. 4 cm (1,57 pulg.) de alto.

4 | Verter la crema de Ricotta sobre la masa, colocar los tomates sobre esta crema e introducirlos presionando ligeramente. Hornear (parte inferior) 45-55 min.

fresca | sencilla

Quiche de verduras verdes

PARA 1 MOLDE DE FONDO DESMONTABLE DE 26 CM ∅ (10,39 PULG.) -8 PORCIONES-

- ➤ 450 g (1 lb) de masa de hojaldre congelada
- 200 g (7 oz) de guisantes | 200 g (7 oz) de puerros | 200 g (7 oz) de espárragos verdes | 200 g (7 oz) de brécol | 1 cs de aceite
- sal | pimienta | 300 g (11 oz) de queso de oveja | 4 huevos | 500 g (1 lb) de yogur | 2 cs de espesante | 2 cs de zumo de limón

🕐 Preparación: 35 min
🕐 Horneado: 55 min aprox.
➤ Aprox. 440 kcal por ración

1 | Descongelar la masa y los guisantes. Limpiar el puerro, cortarlo a lo largo a la mitad y lavarlo a fondo. Limpiar y pelar los espárragos. Cortar el puerro y los espárragos en trozos. Lavar el brécol, limpiarlo y cortarlo en ramitos pequeños.

2 | Calentar el aceite, incorporar la verdura y freír 5 min. a fuego fuerte sin dejar de remover; luego, dejar que se enfríe y salpimentar.

3 | Precalentar el horno a 200 ºC (400 ºF). Forrar el molde con papel de hornear. Colocar la masa en el molde formando un borde de 4 cm (1,57 pulg.) de alto. Desmigar el queso, mezclarlo con la verdura y distribuirlo sobre la masa.

4 | Batir los huevos con el yogur, el espesante, el zumo de limón, la sal y la pimienta y verter sobre la verdura. Hornear la quiche (parte inferior) 45-55 min.

un clásico renovado | requiere tiempo

Torta de cebolla con acelgas

PARA 1 MOLDE DE FONDO
DESMONTABLE DE 26 CM ∅
(10,39 PULG.) -8 PORCIONES-

➤ 200 g (7 oz) de harina de trigo | 200 ml (7 fl oz) de leche | 5 huevos | sal

1,8 kg (3¹⁄² lb) de acelgas

2 tomates | 4-8 guindillas en vinagre | 1 cebolla

2 cs de aceite de oliva

200 ml (7 fl oz) de caldo de verduras | pimienta

250 g (9 oz) de cabra semi-duro | aceite para freír

🕐 Elaboración: 55 min

🕐 Horenado: 50 min aprox.

➤ Aprox. 340 kcal por ración

1 | Batir la harina con la mitad de la leche. Incorporar la leche restante y 2 huevos, mezclar y sazonar.

2 | Calentar aceite en una sartén grande (de 26 cm -10,39 pulg.- de diámetro), poner pequeñas cantidades de masa en la sartén con un cazo de servir, freír 2-3 min. por cada lado y repetir la operación 4 ó 5 veces más.

3 | Lavar las acelgas, quitarles los tallos y reservarlos para otra ocasión. Cortar las hojas (aprox. 700 g -1¹⁄² lb-) en tiras del ancho de un dedo. Lavar los tomates y partirlos en dados. Cortar en aros las guindillas. Pelar la cebolla y partirla en dados pequeños.

4 | Calentar el aceite de oliva, añadir la cebolla, incorporar las acelgas y rehogarlas, agre-gar el caldo 2 min. después, los dados de tomate y los aros de guindilla; mantener el conjunto 5 min. en el fuego, salpimentar y dejar que se enfríe 5 min.

5 | Precalentar el horno a 200 ºC (400 ºF). Forrar el molde con papel de hornear. Reservar 100 g (4 oz) de queso y desmigar el resto. Mezclar 3 huevos y el resto del queso con la verdura.

6 | Ir poniendo capas de relleno/masa alternativamente en el molde, empezando con una de masa y finalizando con una capa de verdura. Espolvorear el queso por encima y dorar en el horno (parte inferior) 40-50 min.

1 Tortas
Freír 4 ó 5 tortas con la masa que hemos preparado.

2 Rehogar las acelgas
Rehogar 2 min. la cebolla y las tiras de acelga en el aceite de oliva.

3 Distribuir las capas
Ir poniendo en el molde capas alternas de masa y de acelgas.

frío también está bueno

Pastel de calabaza

PARA 1 MOLDE DE FONDO DESMONTABLE DE 26 CM ⌀ (10,39 PULG.) -8 PORCIONES-

➤ 100 g (4 oz) de mantequilla fría | 200 g (7 oz) de harina de escanda (tipo 630)

1 yema de huevo | sal

800 g (2 lb) de calabaza | 1 cs de aceite

100 g (4 oz) de tahín (mantequilla de sésamo)

1 manojo de perejil

3 cs de semillas de sésamo | 2 cs de miel | 2 cs de zumo de limón

1 cs de espesante | 2 huevos, pimienta

una pizca de jengibre molido

harina para trabajar

🕒 Preparación: 45 min
🕒 Reposo: 1 h
🕒 Horneado: 50 min aprox.
➤ Aprox. 350 kcal por ración

1 | Cortar la mantequilla en dados. Trabajar una masa con la mantequilla, la harina, la yema de huevo, sal y 3-5 cs de agua fría. Dejar que se enfríe 1 h.

2 | Pelar la calabaza, quitarle las semillas y rallarla con un cuchillo. Calentar el aceite. Freír la calabaza 5 min. a fuego medio, incorporar el tahín y mezclar.

3 | Precalentar el horno a 200 ºC (400 ºF), forrar el molde con papel de hornear. Picar el perejil y tostar las semillas de sésamo.

4 | Extender la masa y colocarla en el molde formando un borde de 3 cm (1,18 pulg.) de alto. Mezclar la calabaza, el perejil, las semillas de sésamo, la miel, el zumo de limón, la levadura y los huevos. Condimentar con sal, pimienta y jengibre. Hornear (parte inferior) 40-50 min.

¡Manos a la obra!

Quiche de remolacha

PARA 1 MOLDE DE FONDO DESMONTABLE DE 26 CM ⌀ (10,39 PULG.) -8 PORCIONES-

➤ 200 g (7 oz) de harina de trigo | 1/2 ct de levadura

100 g (4 oz) de *Quark* | 4 cs de aceite | 1 yema de huevo

1/4 l (9 fl oz) de caldo de verduras | 1/2 manojo de mejorana | sal | pimienta

100 g (4 oz) de queso Tilsiter | 4 huevos | 200 g (7 oz) de nata agria | 200 ml (7 fl oz) de leche

2 cs de espesante | una pizca de nuez moscada | harina para trabajar

🕒 Preparación: 50 min
🕒 Reposo: 30 min
🕒 Horneado: 55 min aprox.
➤ Aprox. 350 kcal por ración

1 | Mezclar la harina con la levadura. Trabajar una masa con la harina, la levadura, el *Quark*, el aceite y la yema de huevo. Envolver en *film* transparente y poner 30 min. en el frigorífico.

2 | Cortar la remolacha en finos bastoncitos. Calentar la mantequilla, incorporar los bastoncitos y freírlos 3 min. Añadir el caldo y dejar 5-10 min. en el fuego. Sacarlos del caldo y escurrirlos.

3 | Precalentar el horno a 200 ºC (400 ºF) y forrar el molde con papel de hornear. Mezclar las hojas de mejorana con la remolacha y salpimentar. Extender la masa y colocarla en el molde formando un borde de 4 cm (1,57 pulg.) de alto. Distribuir la remolacha y rallar el queso.

4 | Batir los huevos, la nata, la leche, el espesante, salpimentar e incorporar la nuez moscada. Verter sobre la remolacha. Espolvorear el queso por encima. Hornear (parte inferior) 45-55 min.

para acompañar

Quiche de boniato

PARA 1 MOLDE DE FONDO
DESMONTABLE DE 26 CM ∅
(10,39 PULG.) -8 PORCIONES-

➤ 450 g (1 lb) de masa de hojaldre congelada | 800 g (2 lb) de boniatos | sal

4 cs de arándanos rojos (en conserva) | 4 huevos

200 g (7 oz) de nata | 200 ml (7 fl oz) de leche | 1 cs de espesante

pimienta | una pizca de nuez moscada recién rallada

3 claras de huevo | 100 g (4 oz) de avellanas | 80 g (3 oz) de queso Parmesano

🕐 Preparación: 55 min
🕐 Horneado: 55 min aprox.
➤ Aprox. 617 kcal por ración

1 | Descongelar la masa. Precalentar el horno a 200 ºC (400 ºF). Pelar los boniatos y cortarlos en rodajas finas, escaldarlos en agua hirviendo con sal, sacarlos cuando estén *al dente* y escurrirlos.

2 | Forrar el molde con papel de hornear. Colocar la masa en el molde formando un borde de 4 cm (1,57 pulg.) de alto.

3 | Extender la mitad de las rodajas de boniato sobre la masa, poner por encima un montoncito de arándanos y rellenar con el resto de las rodajas de boniato.

4 | Batir los huevos con la nata, la leche y el espesante, salpimentar e incorporar la nuez moscada. Verter en el molde sobre las rodajas de boniato y hornear (parte inferior) 35 min.

5 | Batir las claras de huevo a punto de nieve, incorporar las avellanas y el queso y mezclar. Extender la crema sobre la quiche y hornear 10-20 min. más.

como primer plato

Quiche de espárragos

PARA 1 MOLDE DE FONDO
DESMONTABLE DE 26 CM ∅
(10,39 PULG.) -8 PORCIONES-

➤ 120 g (4¹ᐟ² oz) de mantequilla fría | 200 g (7 oz) de harina | 1 yema de huevo

500 g (1 lb) de espárragos

1 cs de azúcar | 3 cs de zumo de limón | 4 huevos

200 g (7 oz) de nata líquida | 200 ml (7 fl oz) de leche | 2 cs de espesante | sal | una pizca de nuez moscada | 1 manojo de cebollino

🕐 Preparación: 50 min
🕐 Reposo: 1 h
🕐 Horneado: 55 min aprox.
➤ Aprox. 385 kcal por ración

1 | Cortar en dados 100 g (4 oz) de mantequilla. Trabajar una masa con la mantequilla, la harina, la yema de huevo, sal, y 3-5 cs de agua fría. Poner 1 h. en el frigorífico.

2 | Pelar los espárragos, quitarles los extremos leñosos. Ponerlos al fuego 10-15 min. en agua salada con el azúcar, el zumo de limón y el resto de la mantequilla y escurrirlos.

3 | Precalentar el horno a 200 ºC (400 ºF), forrar el molde con papel de hornear. Extender la masa, colocar en el molde formando un borde de 4 cm (1,57 pulg.) de alto. Cortar los espárragos en trozos y distribuirlos sobre la masa.

4 | Batir los huevos, con la nata líquida, la leche, salpimentar y especiar con la nuez moscada. Repartir en el molde sobre los espárragos. Hornear (parte inferior) 45-55 min. Lavar, picar y espolvorear el cebollino por encima.

económica | sabrosa

Pastel de zanahoria

PARA 1 MOLDE DE FONDO
DESMONTABLE DE 26 CM ⌀
(10,39 PULG.) -8 PORCIONES-

➤ 100 g (4 oz) de mantequilla fría | 200 g (7 oz) de harina de escanda (tipo 630) | 1 yema de huevo | sal

2 tallos de puerro | 2 zanahorias | 1 cs de aceite | 3 cs de semillas de girasol | pimienta | una pizca de nuez moscada recién rallada | 150 g (5 oz) de Emmental

2 huevos, 200 ml (7 fl oz) de leche | 200 g (7 oz) de nata agria | 1 cs de espesante | harina para trabajar

🕑 Preparación: 35 min
🕑 Reposo: 1 h
🕑 Horneado: 55 min aprox.
➤ Aprox. 375 kcal por ración

1 | Cortar la mantequilla en dados. Trabajar una masa con la mantequilla, la harina, la yema de huevo, sal y 3-5 cs de agua fría. Poner 1 h. en el frigorífico.

2 | Cortar el puerro a lo largo a la mitad y lavarlo. Pelar las zanahorias. Cortar el puerro en aros finos y las zanahorias en rodajas finas.

3 | Calentar el aceite. Freír la verdura y las semillas de girasol 5 min. a fuego fuerte sin dejar de remover y dejar que se enfríe. Especiar con sal, pimienta y nuez moscada.

4 | Precalentar el horno a 200 ºC (400 ºF) y forrar el molde con papel. Colocar la masa formando un borde de 4 cm (1,57 pulg.). Rallar el queso y mezclar con las zanahorias y con el puerro, distribuir sobre la masa.

5 | Batir los huevos con la leche, la nata, el espesante, sal, pimienta y nuez moscada y repartir en el molde sobre las zanahorias y el puerro. Hornear (parte inferior) 45-55 min.

mediterránea

Quiche de verano

PARA 1 MOLDE DE FONDO
DESMONTABLE DE 26 CM ⌀
(10,39 PULG.) -8 PORCIONES-

➤ 200 g (7 oz) de harina de trigo | 2 cs de aceite de oliva | 1 yema de huevo | 2 pimientos rojos | 1 calabacín | 1 berenjena | 3 ramas de romero | pimienta | sal

250 g (9 oz) de Mozzarella

4 huevos | 300 g (11 oz) de queso fresco | 150 ml (5 1/2 fl oz) de leche | 2 cs de espesante | aceite de oliva para freír | harina

🕑 Preparación: 35 min
🕑 Reposo: 30 min
🕑 Horneado: 55 min aprox.
➤ Aprox. 375 kcal por ración

1 | Trabajar una masa con la harina, el aceite, la yema de huevo, sal y 3-5 cs de agua fría. Poner 30 min. en el frigorífico. Lavar y cortar la verdura en trozos. Lavar el romero.

2 | Calentar el aceite, freír la verdura y el romero y dejar que se enfríe. Salpimentar y escurrir la Mozzarella.

3 | Precalentar el horno a 200 ºC (400 ºF), forrar el molde con papel de hornear. Colocar la masa en el molde formando un borde de 4 cm (1,57 pulg.) de alto y distribuir la verdura.

4 | Batir los huevos, el queso fresco, la leche y el espesante, salpimentar y verter la crema sobre la verdura. Cortar el queso en rodajas y ponerlo sobre la crema. Hornear (en la parte inferior del horno) 45-55 min.

fría también está buena

Quiche de pimiento

PARA 1 MOLDE DE FONDO DESMONTABLE DE 26 CM ⌀ (10,39 PULG.) -8 PORCIONES-

➤ 100 g (4 oz) de mantequilla fría │ 100 g (4 oz) de harina de trigo │ 100 g (4 oz) de copos de avena en hojuela │ 1 yema de huevo │ sal │ 5 pimientos (rojos, amarillos y verdes) │ 2 cebollas │ 1/2 manojo de tomillo │ 1 cs de aceite │ pimienta │ 150 g (5 oz) de queso de vaca curado │ 4 huevos │ 300 g (11 oz) de queso fresco │ 150 ml (5$^{1/2}$ fl oz) de leche │ 3 cs de espesante │ 200 g (7 oz) de crema de pimiento (en conserva) │ harina para trabajar

🕐 Preparación: 45 min
🕐 Reposo: 1 h
🕐 Horneado: 55 min aprox.
➤ Aprox. 445 kcal por ración

1 │ Cortar la mantequilla en dados. Trabajar una masa con la mantequilla, la harina, los copos de avena, la yema de huevo, sal y 3-5 cs de agua fría. Envolver en *film* transparente y poner 1 h. en el frigorífico.

2 │ Cortar los pimientos a la mitad y hacerlos tiras. Pelar

las cebollas y partirlas en dados. Lavar el tomillo y separar las hojas.

3 │ Calentar el aceite y pochar las cebollas, añadir las tiras de pimiento y las hojas de tomillo, freír 5 min. sin dejar de remover, poner a enfriar, salpimentar.

4 │ Precalentar el horno a 200 ºC (400 ºF), forrar el molde con papel de hornear. Colocar la masa en el molde formando un borde de 4 cm (1,57 pulg.). Rallar el queso, mezclarlo con la verdura y distribuirlo sobre la masa.

5 │ Batir los huevos con el queso fresco, la leche, el espesante, y la crema de pimiento, salpimentar y repartir en el molde. Hornear (parte inferior) 45-55 min.

asiática │ picante

Pastel de puerros y cacahuetes

PARA 1 MOLDE DE FONDO DESMONTABLE DE 26 CM ⌀ (10,39 PULG.) -8 PORCIONES-

➤ 3 tallos de puerro │ 1 cs de aceite │ 1 cs de pasta roja de curry tailandés │ 5 láminas de pasta filo (producto preco-

cinado, 40 x 60 cm -16 x 24 pulg.-) │ 4 cs de cacahuetes tostados y salados │ 4 huevos 400 ml (13$^{1/2}$ fl oz) de leche de coco (lata) │ 4 cs de mantequilla de cacahuete │ sal 2 cs de espesante

🕐 Preparación: 30 min
🕐 Horneado: 50 min
➤ Aprox. 295 kcal por ración

1 │ Precalentar el horno a 200 ºC (400 ºF). Partir los puerros a lo largo a la mitad, lavarlos a fondo y cortarlos en aros.

2 │ Calentar el aceite, incorporar el puerro y freír 5 min. a fuego fuerte sin dejar de remover, agregar la pasta de curry, freír todo, retirar del fuego y dejar enfriar.

3 │ Forrar el molde con papel. Colocar las láminas de pasta en el molde dejando que sobresalgan un poco, para hacer una tapadera después. Mezclar el puerro con los cacahuetes y distribuir la crema sobre la masa.

4 │ Batir los huevos con la leche de coco, la mantequilla de cacahuete, el espesante y la sal, repartir en el molde. Hacer un borde con la masa que sobresale y hornear 40-50 min.

Miniquiches

Estas miniquiches son las nuevas protagonistas de las fiestas o, simplemente, un delicioso bocado a la hora del aperitivo. Sorprenda a familiares e invitados con estos sabrosos bocaditos que se preparan en un momento y desaparecen en un segundo. Vegetarianas, sabrosas o exóticas con infinitas variantes, seguro que en este capítulo encontrará algo delicioso para su próxima fiesta.

Recetas rápidas

Pasteles de salami al *pesto*

PARA 6 UNIDADES

➤ 1 paquete de bases de minipizza preco-
cinadas (250 g -9 oz-) | 3 cs de *pesto*
rojo (en conserva) | 200 g (7 oz) de
Emmental | 100 g (4 oz) de salami |
6 guindillas en vinagre

1 | Precalentar el horno a 220 ºC (440 ºF).
Untar el *pesto* en las bases de minipizza.
Rallar el queso, espolvorearlo por encima y
colocar 1 guindilla sobre las rodajas de
salami.

2 | Poner las bases de minipizza en la ban-
deja de horno y hornear (parte inferior)
10-15 min. hasta que estén crujientes.

Pastelitos de Gorgonzola

PARA MOLDES DE 10 CM (4 PULG.) ∅

➤ 4 discos de masa de hojaldre congela-
dos | 4 cs de chutney de mango |
8 higos | 300 g (11 oz) de Gorgonzola |
pimienta recién molida

1 | Precalentar el horno a 220 ºC (440 ºF).
Forrar los moldes con los discos de masa y
untar con el chutney de mango. Lavar los
higos, retirarles el rabito, cortarlos en gajos
y ponerlos sobre la masa.

2 | Colocar los trozos de Gorgonzola sobre
los higos y dorar en el horno (parte inferior) 15-20 min. Moler un poco de
pimienta por encima y servir.

fría también está buena
Quiches de ajo de oso

PARA 8 MOLDES
DE 10 CM ⌀ (4 PULG.)

➤ 100 g (4 oz) de mantequilla fría | 200 g (7 oz) de harina de trigo | 30-50 ml (1-2 fl oz) de vermú seco (o agua fría) | 1 yema de huevo

3 manojos de ajo de oso

150 ml (5$^{1/2}$ fl oz) de leche

4 huevos | 500 g (1 lb) de *Quark* | 200 g (7 oz) de nata | 2 cs de espesante | pimienta | una pizca de nuez moscada | 1 manojo de rabanitos | harina para trabajar | sal

🕐 Preparación: 35 min
🕐 Reposo: 1 h
🕐 Horneado: 35 min aprox.
➤ Aprox. 405 kcal por ración

1 | Cortar la mantequilla en dados. Trabajar una masa con la mantequilla, la harina, el vermú, la yema de huevo y sal. Envolver en *film* transparente y poner 1 h. en el frigorífico.

2 | Lavar el ajo de oso, mezclarlo con la leche y pasarlo por el pasapurés. Incorporar los huevos, el *Quark*, la nata, el espesante, sal, pimienta, nuez moscada y mezclar.

3 | Precalentar el horno a 200 ºC (400 ºF) y forrar los moldes con papel. Dividir la masa en 8 porciones y extenderlas. Colocar las porciones de masa en los moldes formando un borde de 3 cm (1,18 pulg.) de alto y distribuir la crema de ajo de oso en los moldes.

4 | Hornear (parte inferior) 25-35 min. Limpiar y lavar los rabanitos. Picar los rabanitos y las hojas tiernas en trozos grandes y espolvorear sobre las quiches.

como primer plato
Tartaletas de alcachofa

PARA 8 MOLDES
DE 10 CM ⌀ (4 PULG.)

➤ 100 g (4 oz) de harina de trigo | 100 g (4 oz) de sémola de maíz (polenta) | 3 cs de aceite de oliva

1 yema de huevo | sal | 8 corazones de alcachofa (de lata)

200 g (7 oz) de tomates secos en aceite

180 g (6 oz) de queso Taleggio

1 calabacín | pimienta

🕐 Preparación: 30 min
🕐 Reposo: 1 h
🕐 Horneado: 15 min aprox.
➤ Aprox. 285 kcal por ración

1 | Trabajar una masa con la harina, la sémola de maíz, el aceite, la yema de huevo, sal y 3-5 cs de agua fría. Envolver en *film* transparente y poner 1 h. en el frigorífico

2 | Escurrir las alcachofas y sacar los tomates del aceite. Partir las alcachofas y los tomates en trozos del tamaño que desee. Cortar el queso en rodajas. Precalentar el horno a 200 ºC (400 ºF). Forrar los moldes con papel de hornear.

3 | Dividir la masa en 8 porciones y extenderlas. Colocarlas en los moldes formando un borde de 3 cm (1,18 pulg.). Distribuir los trozos de alcachofa y de tomate sobre la masa. Cubrir con queso.

4 | Lavar y limpiar el calabacín, cortarlo en rodajas muy finas, distribuirlas sobre las tartaletas, pintarlas con el aceite de los tomates y echarles pimienta. Hornear (parte inferior) 10-15 min.

vegetariana

Picos de calabacín y tomate

PARA 8 PORCIONES

➤ 400 g (14 oz) de preparado para pan | 3 tomates | 2 calabacines | 1 manojo de albahaca | sal | pimienta

150 g (5 oz) de Appenzeller | harina para trabajar

🕐 Preparación: 35 min

🕐 Reposo: *véase* las instrucciones del envase

🕐 Horneado: 15 min aprox.

➤ Aprox. 250 kcal por ración

1 | Preparar y dejar reposar el preparado para pan según las instrucciones del envase. Precalentar el horno a 250 ºC (500 ºF). Forrar la bandeja de horno con papel de hornear.

2 | Lavar los tomates y el calabacín y cortar en rodajas. Lavar la albahaca y quitar las hojas.

3 | Extender la masa y cortar 8 triángulos, poner tomate encima y, sobre el tomate, calabacín y albahaca y luego salpimentar. Dejar reposar 10 min.

4 | Rallar el queso y espolvorearlo sobre los picos. Hornear (parte inferior) 10-15 min. hasta que estén crujientes.

un clásico renovado

Torta de cebolla

PARA 8 PORCIONES

➤ 400 g (14 oz) de preparado para pan

180 g (6 oz) de beicon

1 cs de aceite | 1 manojo de cebollas tiernas

300 g (11 oz) de nata agria | pimienta recién molida | harina para trabajar

🕐 Preparación: 35 min.

🕐 Reposo: *véase* las instrucciones del envase

🕐 Horneado: 15 min aprox.

➤ Aprox. 365 kcal por ración

1 | Preparar y dejar reposar el preparado para pan según las instrucciones del envase. Hornear a 250 ºC (500 ºF). Forrar la bandeja de horno con papel de hornear.

2 | Cortar el beicon en dados. Limpiar y lavar las cebollas tiernas y cortarlas en aros. Calentar el aceite, freír 5 min. el beicon y las cebollas y escurrir la grasa.

3 | Dividir la masa en 8 porciones ovaladas de 1 cm (0,39 pulg.) de espesor. Colocarlas sobre la bandeja del horno, untarlas con nata agria y distribuir el beicon y la cebolla por encima. Dejar reposar 10 min.

4 | Hornear (parte inferior) 10-15 min. y sacarlas cuando estén crujientes. Echar pimienta recién molida.

➤ Variante:

Torta dulce

En el Sur de Alemania existe una variante dulce que se toma como postre; de este modo, se completa un menú a base de "Flammkuchen". Extender la masa y colocarla sobre la bandeja. Batir 300 g (11 oz) de nata agria con 2 yemas de huevo y extender el producto sobre la masa, siguiendo los mismos pasos que en la receta anterior. Mezclar 3 cs de azúcar con 1/2 ct de canela molida y espolvorear sobre la torta antes de servir. También puede poner rodajas finas de manzana o de pera sobre la capa de nata y hornearla de nuevo.

primer plato | para días
de fiesta

Pastelitos
de ahumados

PARA UNA BANDEJA DE
MUFFINS -12 PORCIONES-

➤ 100 g (4 oz) de mantequilla
fría | 200 g (7 oz) de harina
de trigo | 3 yemas
de huevo | 200 g (7 oz)
de nata | sal | pimienta

1 manojo de eneldo | 2-3
rábanos picantes (en con-
serva) | 200 g (7 oz) de file-
tes de pescado ahumado |
harina para trabajar y 12
moldes de papel (para
magdalenas)

🕐 Preparación: 35 min
🕐 Reposo: 1 h
🕐 Horneado: 40 min aprox.
➤ Aprox. 230 kcal por ración

1 | Cortar la mantequilla en
dados. Trabajar una masa con
la mantequilla, la harina,
1 yema de huevo, sal y 3-5 cs
de agua fría. Poner 1 h. en el
frigorífico.

2 | Lavar y picar el eneldo.
Cortar el pescado en trozos del
tamaño que desee y mezclar
con el eneldo.

3 | Precalentar el horno a
200 ºC (400 ºC). Colocar los
moldes de papel en los huecos
de la bandeja. Extender la
masa, cortar círculos de ésta
del tamaño de los huecos y
colocarlos en los moldes de
papel. Distribuir el pescado
en los moldes.

4 | Montar la nata, incorporar
las yemas de huevo, los rábanos, sal y pimienta, mezclar y
repartir sobre los trozos de
pescado. Hornear (parte inferior) 30-40 min.

un clásico renovado |
picante

Minis de atún

PARA 8 PORCIONES

➤ 200 g (7 oz) de harina de
trigo | 1/2 ct de levadura |
3 cs de aceite de oliva | sal

1 yema de huevo | 2 cebo-
llas | 150 g (5 oz) de
Appenzeller | 150 g (5 oz)
de manteca | pimienta

2 latas de atún (de 160 g
-5 oz- cada una -peso
escurrido-) | 1-3 chiles
rojos | 3 ct de alcaparras |
2 ct de orégano seco |
harina para trabajar

🕐 Preparación: 45 min
🕐 Reposo: 30 min
🕐 Horneado: 15 min aprox.
➤ Aprox. 285 kcal por ración

1 | Mezclar la harina con la
levadura. Trabajar una masa
con la harina, la levadura, 2 cs
de aceite, la yema de huevo, sal
y 3-5 cs de agua fría. Envolver
en *film* transparente y poner
30 min. en el frigorífico.

2 | Pelar las cebollas y cortar-
las en aros. Calentar el resto
del aceite, incorporar la cebolla, freír 5 min. y reservar.

3 | Rallar el queso, separar
2/3 de éste y batir con la manteca, la sal y la pimienta. Escurrir el atún, lavar y limpiar los
chiles y cortarlos en aros finos.

4 | Precalentar el horno a
220 ºC (440 ºF). Dividir la
masa en 8 porciones, extender
cada una de las porciones en
círculos de aprox. 10 cm (4
pulg.) de diámetro. Colocar
las porciones en una bandeja
de horno forrada con papel de
hornear.

5 | Extender la nata sobre las
porciones de masa, poner
encima el atún, la cebolla, el
chile y las alcaparras y espolvorear con el orégano y el
queso restante. Hornear (parte inferior) 10-15 min. y sacar
cuando estén crujientes.

Instrucciones de uso

En este índice aparecen ingredientes tan comunes como la **masa de hojaldre** y otros menos usuales como la **harina de escanda**, ordenados alfabéticamente y **en negrita**. De este modo, usted podrá encontrar de un modo más rápido las recetas y sus ingredientes.

La autora

Julia Skowronek es cocinera titulada y vive en Múnich. La inspiración para sus recetas (en las que continuamente aparecen cuestiones relativas a las costumbres culinarias de otros países y de otras culturas) la encuentra en mercados, tiendas, restaurantes y, cómo no, en sus viajes. Las recetas que encontrará en este libro han sido comprobadas de forma artesanal y modificadas cuando ha sido necesario.

La fotógrafa

Ulrike Schmid dirige un estudio de fotografía junto a su socia Sabine Mader. La filosofía de la empresa es "hacer fotos con sabor", y en sus imágenes se refleja de un modo singular el gusto por la buena comida y una atmósfera dinámica. Ulrike ha contado con el respaldo de Julia Skowronek como estilista culinaria en este libro.

Atención

Los grados de temperatura de los hornos de gas varían de un fabricante a otro. Para comprobar las posibles correspondencias, consulte las instrucciones de su horno.

Dirección editorial:
Doris Birk
Jefe de redacción:
Birgit Rademacker
Redacción:
Tanja Dussy
Revisión:
Maryna Zimdars, Múnich
Composición:
Uhl+Massopust (Aalen)
Maquetación, tipografía y diseño de cubierta:
Independent Medien Design (Múnich)
Producción:
Gloria Pall

Título original:
Quiches runder Genuss
Traducción:
Mª Jesús Fernández Sánchez

ABREVIATURAS:

cs = cucharada sopera
ct = cucharadita de té
fl oz = onza fluida
g = gramo
h = hora
kcal = kilocalorías
kg = kilogramo
l = litro
lb = libra
min = minuto
ml = mililitros
oz = onza

© Gräfe und Unzer GmbH y
EDITORIAL EVEREST, S. A.
Carretera León-La Coruña,
km 5 - LEÓN
ISBN: 84-241-1769-7
Depósito Legal: LE: 108-2006
Printed in Spain - Impreso en España

EDITORIAL EVERGRÁFICAS, S. L.
Carretera León-La Coruña, km 5
LEÓN (ESPAÑA)

www.everest.es
Atención al cliente: 902 123 400

GLOSARIO DE TÉRMINOS

TABLAS DE EQUIVALENCIAS Y CONVERSIONES

España	Latinoamérica	En inglés
Albaricoque	Durazno, damasco	Apricot
Alubia blanca	Judía blanca, haba blanca	Beans
Beicon	Tocino de puerco, panceta, tocineta	Bacon
Cacahuete	Cacahuate, maní	Peanut
Calabacín	Calabacita, calabaza, zapallito	Zucchini
Callo, morro	Mondongo	Tripe
Cochinillo	Lechón, cochinita, cerdito	Piglet
Creps	Crepas, panqueque, arepas	*Crêpe*
Dulce, membrillo	Ate, dulce de cereza	Quince
Entremés	Botana, copetín, entremeses	*Hors d´oeuvre*
Especias diversas	Recaudo	Spice
Filete	Escalopa, bife, biftec	Steak
Fresa	Frutilla	Strawberry
Gamba	Camarón	Shrimp
Guisante	Chícharo, arveja, habichuelas	Pea
Helado	Nieve, mantecado	Ice-cream
Judía verde	Ejote, chaucha	String bean
Maíz	Elote, choclo	Corn
Melocotón	Durazno	Peach
Nata	Crema de leche, crema doble, natilla	Cream
Patata	Papa	Potato
Pavo	Guajolote	Turkey
Pimiento verde	Ají	Pepper
Plátano	Plátano macho, banana, guineo	Banana
Salpicón	Ceviche, ceviche criollo	
Salsa	Aliño, mole	Sauce
Sésamo	Ajonjolí	Sesame
Setas	Hongos, mushrooms	Mushrooms
Tomate rojo	Jitomate, tomate	Tomato
Tortilla	Torta, omelette, omellete	Omelet
Zumo	Jugo, néctar	Juice

PESO

Sistema métrico	Sistema anglosajón
30 g	1 onza (oz)
110 g	4 oz (1/4 lb)
225 g	8 oz (1/2 lb)
340 g	12 oz (3/4 lb)
450 g	16 oz (1 lb)
1 kg	$2^{1/4}$ lb
1,8 kg	4 lb

CAPACIDAD (líquidos)

ml	fl oz (onzas fluidas)
30 ml	1 fl oz
100 ml	$3^{1/2}$ fl oz
150 ml	5 fl oz
200 ml	7 fl oz
500 ml	17 fl oz
1 l	35 fl oz

LONGITUD

pulgadas	equivalente métrico
1 pulgada	2,54 cm
5 pulgadas	12,70 cm
10 pulgadas	25,40 cm
15 pulgadas	38,10 cm
20 pulgadas	50,80 cm

TEMPERATURAS (Horno)

°C	°F	Gas
70	150	1/4
100	200	1/2
150	300	2
200	400	6
220	425	7
250	500	9

e crujiente y el relleno esté *al dente* sin llegar a quedar seco, hay que pesar y medir bien todos los ingredientes.

➤ Antes de distribuir los ingredientes del relleno sobre la masa de la quiche es necesario escurrirlos bien, especialmente los que más agua contienen.

Garantía de éxito para sus quiches y demás horneados

ESPESANTES

➤ Poner un poco de espesante para que los rellenos hechos a base de verduras, finas hierbas y pescado crudo, con un elevado contenido en agua, liguen y queden *al dente*.

➤ Añadir un poco de espesante al batir los huevos y la nata para que el relleno no quede muy blando.

MUCHA PACIENCIA

➤ Los ingredientes con los que se elaboran las masas caseras para las quiches necesitan su tiempo, por eso debe tener paciencia si la prepara usted mismo.

➤ Las masas se trabajan mejor cuando finaliza el tiempo de refrigeración y éstas ya han adquirido la temperatura y consistencia adecuadas.

➤ Además de masas con levadura, puede prepararlas con mantequilla o con aceite (más rápidas).

MUY CALIENTE

➤ Precaliente el horno con la debida antelació y siga siempre las recomendaciones del fabricante.

➤ En general, tanto los hornos de gas como lo de convección no necesitan mucho tiempo para alcanzar la temperatura seleccionada; por eso, sólo hay que precalentar el horno para elaborar recetas que necesitan temperaturas muy altas y tiempos de cocción cortos.